AF309883

N.-O. T.

LE NORD-OUEST DE LA TUNISIE

RUINES ROMAINES, FORÊTS, MONTAGNES, COLONISATION

Le palais souterrain de la chasse

PRIX

50 Cent.

GUIDE ILLUSTRÉ

publié par les soins du Comité d'Initiative du N.-O. Tunisien

à Souk-el-Arba

N.-O. T.

LE NORD-OUEST DE LA TUNISIE

RUINES ROMAINES, FORÊTS, MONTAGNES, COLONISATION

GUIDE ILLUSTRÉ

publié par les soins du Comité d'initiative du N.-O. Tunisien

à Souk-el-Arba

PRIX : 50 CENTIMES

Comité du Nord-Ouest Tunisien

COMPOSITION DU BUREAU

Président :

M. le Docteur CARTON, Correspondant de l'Institut, à Khéreddine, près de La Goulette.

Vice-Présidents :

MM. HANOUN, propriétaire à Souk-el-Arba ;
REMY, contrôleur civil adjoint, à Souk-el-Arba.

Secrétaire général :

M. MAZURKIEWICZ, huissier, à Souk-el-Arba.

Secrétaire général adjoint :

M. REYNAUD, directeur d'école à Souk-el-Arba.

Trésorier :

M. SCHIRMAN.

Le Comité d'initiative du N.-O. Tunisien

Ce groupement a été fondé dans le but de faire connaître la région si intéressante qui, à côté des merveilleux terrains de chasse et des admirables sites forestiers de la Kroumirie et du Feïdja, renferme tant de belles ruines entre lesquelles se distinguent celles de Bulla Regia, d'une si puissante originalité par leurs palais souterrains, et aux limites de laquelle se trouvent le curieux port et les ruines de Tabarca, les fameuses ruines de Dougga, la jolie ville arabe et les ruines de Béja.

On peut en deux jours par automobile, en trois ou quatre jours par d'autres moyens, voir ces joyaux du nord de la Tunisie. Souk-el-Arba est admirablement placé pour servir de centre aux excursions, et en outre, à Ghardimaou, Les Chênes, Aïn-Draham, Tabarca, Béja et Teboursouk, on trouve des hôtels suffisants à des prix modérés.

Le Comité d'initiative du N.-O.-T. s'efforce d'améliorer les moyens de transport et de séjour des voyageurs, de rendre les sites accessibles, d'obtenir le dégagement et la conservation des ruines. Il recevra avec reconnaissance les adhésions ou les dons des personnes qui voudront l'aider dans son œuvre.

AUX TOURISTES !

TOURISTES *qui visitez Tunis,* vous pouvez, *en une jour-née* et par un mode de locomotion agréable (wagon-restaurant), aller à l'une des plus vastes et des plus originales ruines de l'Afrique du Nord, *Bulla Regia,* célèbre par ses palais souter-rains rappelant les plus jolies habitations de Pompéï ; *en deux jours,* par automobile, *en cinq jours,* par voiture, suivre le plus bel itinéraire du Nord-Ouest de la Tunisie, l'un des plus inté-ressants de toute la Régence, en visitant, par la GRANDE BOUCLE du Nord-Ouest, les admirables ruines de *Dougga* et celles de *Bulla Regia,* les montagnes aux forêts profondes de la *Kroumirie, Aïn-Draham,* le port et l'île de *Tabarca,* la jolie ville arabe de *Béja,* et y joindre encore la BOUCLE qui, de Souk-el-Arba à Ghardimaou, vous permettra de voir, *en un ou deux jours,* les ruines romaines de *Bordj-Hellal,* forteresse by-zantine aux tours imposantes, *Chemtou,* dont les célèbres car-rières étaient propriété impériale, *Thuburnic,* avec ses jolis édifices si remarquablement conservés, la source thermale si pittoresque du *Hammam des Ouled-Ali,* la superbe forêt du *Feïdja.*

TOURISTES *qui allez d'Alger à Tunis, ou inversement,* vous pouvez, en vous arrêtant aux gares de Souk-el-Arba ou de Ghardimaou dans le premier cas, à celles de Pont-de-Trajan (Mastouta dans quelque temps) ou de Medjez-el-Bab dans le second cas, faire plusieurs excursions d'un haut intérêt : de *Souk-el-Arba* visiter, en quatre heures, *Bulla Regia,* en une journée les ruines de Chemtou et gagner Tunis en deux ou trois jours, par les montagnes et les forêts de Kroumirie, le port de Tabarca et Béja ou par Teboursouk-Dougga et Medjez-el-Bab ; de *Ghardimaou,* visiter en une journée soit la forêt du Feïdja, les jolies ruines de Thuburnic et le Hammam des Ouled-Ali, soit les ruines de Thuburnic, Chemtou et Bordj-Hellal.

REMARQUEZ sur la carte que le Feïdja, le Hammam des Ouled-Ali, les ruines de Thuburnic, Chemtou, Bordj-Hellal et

Bulla Regia sont *sur une ligne presque parallèle* au chemin de fer d'Alger-Constantine à Tunis, peu distante d'elle, et que, grâce aux gares de Souk-el-Arba et de Ghardimaou, centres où il y a des hôtels, il est possible, par des itinéraires très variés, de visiter tous ces points d'un intérêt capital par leurs forêts, leurs rochers et la beauté de leurs ruines.

LE COMITÉ.

. BULLA REGIA
L'OURS DE LA MOSAÏQUE DU PALAIS DE LA CHASSE

L'ILE DE TABARCA   Cliché du Dr Eybert

I — De Tunis à Souk-el-Arba [1]
(Aller et retour en un jour)

Après avoir traversé les pays colonisés des environs de Tunis, le voyageur arrive à la gare de *Medjez-el-Bab* (service d'autos pour Dougga, v. p. 18), puis à celle de Pont-de-Trajan [2] (embranchement sur Béja); un peu plus loin, Sidi-Zehili (routes sur Béja, Souk-el-Khemis, Teboursouk, Dougga).

Ici commence la vaste plaine de la haute Medjerda tunisienne, célèbre par sa fertilité et que, suivant les saisons, le touriste voit jaunie et desséchée, verdoyante et fleurie. De nombreux toits rouges indiquent l'emplacement de grandes et prospères exploitations agricoles, auxquelles le centre de Souk-el-Khemis doit le développement qu'il a acquis depuis ces dernières années.

De belles montagnes encadrent la plaine. Parmi elles on re-

(1) Horaire des trains: de Tunis à Souk-el-Arba, dép. à 8 h. 16 m. (W. R.), arr. à midi 23; retour à 6 h. 18 s. (W. R.), arr. à 10 h. 24 s. Il est bien entendu que tous les horaires donnés ici sont sujets à variation et que le touriste devra s'informer à ce sujet.

(2) Qui sera bientôt supprimée pour être remplacée par celle de Mastouta quand la ligne Nebeur-Bizerte fonctionnera.

CARTE DE LA REGION DU NORD-OUEST TUNISIEN

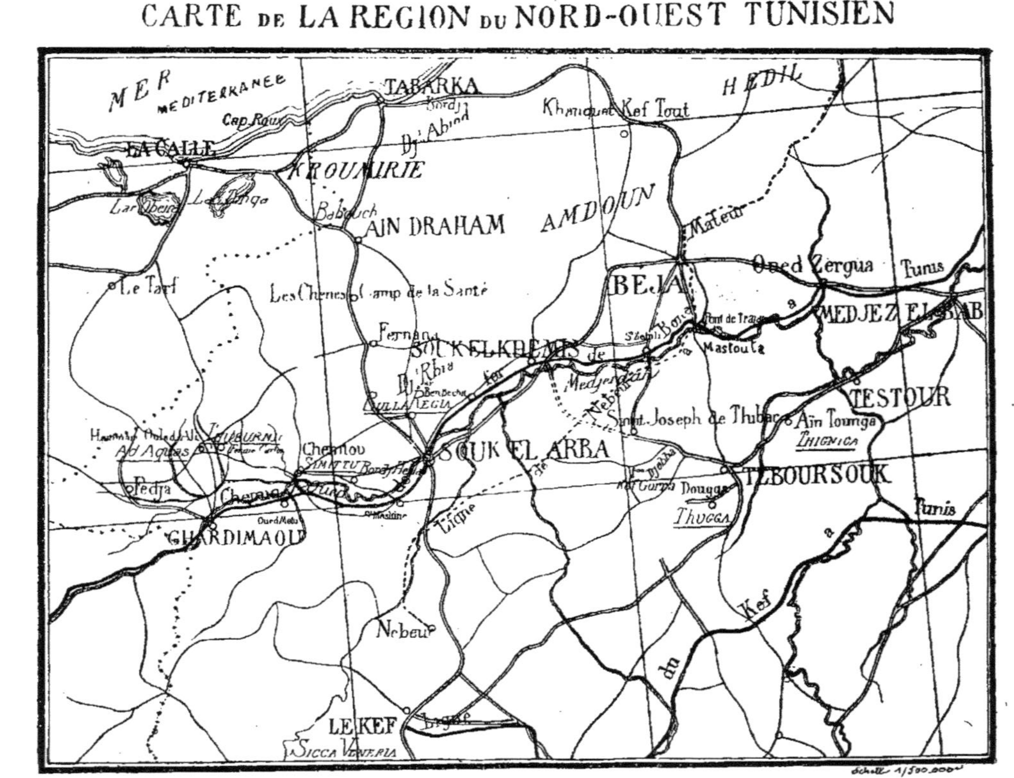

CARTE N° 1

marque, au Sud, le pittoresque plateau du Gorra, au Nord, des croupes boisées qui, vers l'Ouest, font place aux montagnes de la Kroumirie, et, plus loin, le point culminant du Gorra.

SOUK-EL-KHEMIS. — Centre qui doit à la colonisation française d'avoir pris un développement rapide dans ces derniers temps. Nombreuses et prospères exploitations agricoles dans toute la région. Hôtels. Marché important. Poste, télégraphe, téléphone. Siège d'un caïdat.

Souk-el-Khemis, grâce à ses hôtels, peut être le point de départ pour visiter les ruines de Dougga en prenant le chemin de fer jusqu'à Sidi-Zehili ou directement par la plaine, mais ce dernier trajet est long et sa première partie peu agréable.

On peut encore, de Souk-el-Khemis, faire une excursion intéressante, mais un peu longue dans le Djebel Gorra.

On passe d'abord auprès des ruines de l'antique *Thibari*, assez effacées, mais dont les environs présentent encore le pittoresque alignement des piliers de son aqueduc, puis on arrive au village arabe de Djebba, entouré de riants jardins, à proximité d'une riche mine de calamine, et plus loin au pied du *Château des Sept-Dormants*, construction romaine inaccessible, juchée dans une corniche rocheuse et en avant de laquelle tombe une cascade d'une centaine de mètres de hauteur. Ensuite, par un sentier escarpé, on gagne le sommet du plateau. A son extrémité orientale est un signal géodésique (altitude 963). De ce point le spectacle est grandiose. La surface du sol, rocheuse, dénudée, a été ravagée par les météores. On jouit d'une vue admirable sur la plaine de Souk-el-Arba tout entière avec ses fermes, ses moissons, le lit sinueux de la Medjerda, et sur un horizon immense que seules des montagnes ferment de tous les côtés à une très grande distance.

Près de là, au pied sud de la falaise, se dresse la jolie ruine de *Henchir-Chett* : verdoyants jardins, cascade, grand mausolée souterrain, maison romaine qui a encore conservé sa couverture. Un peu plus loin se trouvent les ruines de *Henchir-Douamis,* l'ancienne *Uchi Majus,* où il y a une ferme française. Mais si l'on veut rentrer le soir, il faut renoncer à visiter ces deux points et se diriger, en restant sur le plateau du Gorra, à son extrémité occidentale : grande nécropole de dolmens, et, au pied de la falaise qui porte celle-ci, ruines de *Kouch-Batia,* remarquables par trois portes bien conservées. Près de ces ruines passe la route de Teboursouk à Sidi-Zehili et se trouve une *vaste caverne* récemment aménagée par les Pères Blancs et dédiée à Notre-Dame-du-Gorra. On peut, d'ici, soit rentrer directement à Souk-el-Khemis, soit coucher à Saint-Joseph-de-Thibar (vaste exploitation agricole moderne, dirigée très remarquablement par des Pères Blancs (Hôtel de la Sainte-Famille, très bien tenu), ou même regagner la station de Sidi-Zehili.

Au nord de Souk-el-Khemis, à *Sidi-Salah-el-Balthi*, citadelle byzantine dans un joli site.

Au delà de Souk-el-Khemis, on passe à la station de Ben-Bechir, pour arriver ensuite à Souk-el-Arba.

SOUK-EL-ARBA, petite ville créée de toutes pièces après l'occupation des Français, en un point de marché important, auprès de la gare de ce nom. Chef-lieu de la région. Résidence du Contrôleur civil. Camp occupé par un détachement du 3e bataillon d'Afrique. Poste, télégraphe, téléphone. Hôtels. Siège du *Comité du Nord-Ouest Tunisien,* où on pourra se procurer tous les renseignements nécessaires pour visiter la région. S'adresser au secrétaire général du Comité.

LE KEF

On peut, de Souk-el-Arba, aller à la mine de *Nebeur*, puis à la ville arabe du *Kef,* par une bonne route en pays accidenté.

On peut aussi aller au *Hammam-Biada*, source thermale, sur la route duquel se trouvent les gorges pittoresques de l'*oued Tessa*, dont les bords, bariolés de rouge et de violet, s'élèvent à pic, à une hauteur de plus de 100 mètres.

II — Bulla Regia

Les ruines de Bulla Regia ne sont distantes de Souk-el-Arba
que de 6 kilomètres 800 par une piste très praticable quand il
fait beau. On peut donc, dans ce cas, s'y rendre à pied en prenant d'abord la route de Kroumirie jusqu'au pont sur la Medjerda, puis aussitôt après une piste à droite. On distingue d'ici
la haute baie des thermes publics qui domine toutes les ruines,
et on peut facilement se renseigner auprès des passants en de-
mandant Bulla Regia si l'on s'adresse à un Européen, ou *Ham-
mam-Darradji* si l'on s'adresse à un indigène.

On trouve facilement à Souk-el-Arba des chevaux ou des voitures par l'intermédiaire de l'hôtel ou du *Comité d'initiative.*

En voiture, on peut prendre la piste quand il fait beau, sinon
il faut suivre la route de Kroumirie jusqu'à l'embranchement
de la route de Bulla Regia (poteau indicateur du Touring-Club
de France). Le trajet, par cette voie, est d'environ 9 kilomètres.

Avant de partir, s'informer auprès du *Comité d'initiative* des
moyens de visiter certaines ruines dont l'entrée est fermée à
clef, l'administration n'ayant pu, jusqu'ici, y mettre un gardien
à demeure.

Les ruines de Bulla Regia sont signalées de loin par la haute
arcade des thermes publics de la ville romaine. Le Comité du
Nord-Ouest Tunisien y entretient un sentier qu'il suffit de suivre
pour visiter facilement les principaux monuments, en tenant
compte des inscriptions et des flèches placées discrètement sur
son parcours.

Bulla Regia dans l'histoire

Ce fut l'une des plus anciennes et des plus considérables cités de l'A-
frique. Située au bord des « Grandes Plaines » de Boll, célèbres par leur
fertilité comme elles le sont de nos jours, elle a été la capitale d'un roi
numide, d'où son qualificatif de *Regia* et consacrée à Baal, d'où son nom
de *Bulla*. Elle fut, plus tard, le siège d'un évêché.

Des fouilles ont été faites dans les ruines pour la première fois en 1888
par M. le docteur Carton, qui découvrit ou explora les nécropoles méga-
lithiques, puniques et romaines, où il découvrit un mobilier particulièrement riche. En 1903, un conducteur des Ponts et Chaussées, M. Lafont, dégage le premier palais souterrain, celui dit de « la Chasse ». En 1909, M. le
capitaine Benet découvre et explore le temple d'Apollon, dans lequel il
trouve de magnifiques statues intactes, qui sont maintenant au Musée du

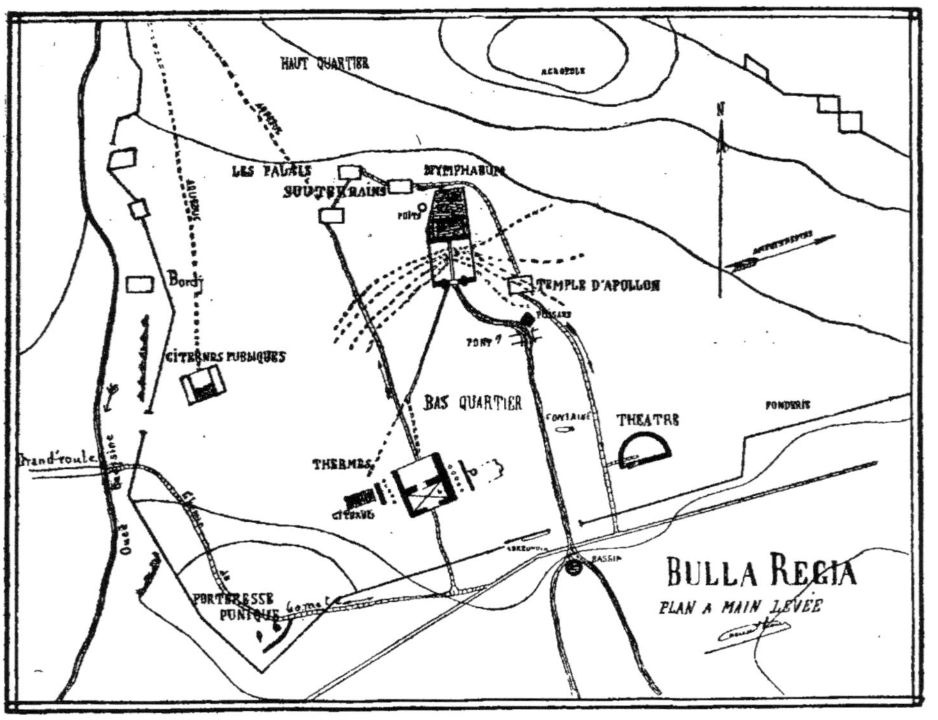

CARTE N° 2. — Le sentier pour la visite des Ruines est indiqué ainsi :

Bardo. Les années suivantes, le Service des Antiquités déblaie les alentours de ce monument, mais sans y faire de découvertes. En 1909, M. le docteur Carton revient aux thermes publics de Bulla Regia, dont il commence le déblaiement méthodique, et en 1910 il découvre une seconde habitation souterraine, celle que l'on désigne sous le nom de « Palais d'Amphitrite ». En 1910, M. le capitaine Nicolas dégage un troisième palais situé sous le sol et caractérisé par les deux vasques en mosaïque qui l'ornent.

Mais jusqu'ici ces fouilles ont été, faute de fonds, exécutées sans plan d'ensemble. Il faut espérer que l'on en entreprendra bientôt le dégagement méthodique, en vue duquel, pendant deux ans, les fouilles des thermes publics ont été commencées par une grande tranchée, en raison de leur situation sur le bord de l'emplacement de la ville antique.

BULLA REGIA. — LES THERMES PUBLICS VUS DU NYMPHÉE

Prenons au point où il se raccorde à la grand'route de Bulla Regia, à l'ouest des ruines, le sentier du Comité du N.-O. T. Voici d'abord, presque aussitôt, à l'angle sud-ouest de l'emplacement de la ville antique, un formidable chaos de blocs énormes, que l'on considère généralement comme ayant appartenu à une *forteresse punique*. On y remarque notamment un escalier brisé en deux et qui a été complètement retourné. Au nord de cette forteresse, l'ouverture de plusieurs voûtes alignées signale la présence de *citernes publiques,* dans lesquelles habitent actuellement des Arabes.

Un peu plus loin sont les *thermes publics,* monument le plus élevé et paraissant jusqu'ici le mieux conservé de tous les édifices publics de Bulla Regia. Ses seuls débris amoncelés forment un monticule qui n'a pas moins de six à sept mètres de hauteur et au-dessus duquel s'élève encore l'énorme baie que l'on voit de toutes parts. Une profonde tranchée pénètre, à sept mètres de profondeur, au cœur du monument. On admirera, dans celui-ci, la hauteur des murs, la beauté des grandes pierres de taille qui encadrent les baies et forment les angles, les mosaïques qui ornent le sol. La grande salle placée au pied de l'énorme baie est particulièrement remarquable avec ses arcades, ses belles portes, ses quatres grandes niches ornées d'emblèmes ou de blasons et sa mosaïque multicolore. En outre, plusieurs autres salles ont conservé leurs voûtes, détail qui ajoute au caractère si particulier présenté par Bulla Regia, dont beaucoup d'édifices privés ont encore leur couverture.

Au nord des thermes se trouve le quartier des *palais souterrains,* qui ne sont pas seulement remarquables par l'excellent état de conservation de leur décoration et de particularités qui n'existent que dans les habitations les plus célèbres de Pompéi. Elles nous initient encore à certains détails d'architecture tout particuliers et aux mœurs des habitants de Bulla Regia ou de la région.

Ce qui donne un attrait tout spécial à ces ensembles, c'est que le maître de la maison, ayant tenu à faire de ces caveaux l'endroit de sa demeure le plus agréable à habiter, y a réuni tout ce qui pouvait séduire la vue et constituer le... confort de cette époque, nous offrant en quelque sorte comme la synthèse du luxe dans l'architecture privée de la ville antique. Il ne s'agit pas, à vrai dire, de palais proprement dits — pour employer le terme qu'on a appliqué au premier de ces ensembles en lui donnant le sens que les Romains modernes attribuent aux riches habitations, mais plutôt d'une portion d'appartements dépendant de palais et en constituant certainement la partie la plus luxueuse.

Comme il ne saurait entrer dans le cadre de cette brochure de décrire tout ce qu'on a découvert en ce genre, je m'arrêterai seulement ici au premier de ces ensembles qui ait été découvert. Ce n'est peut-être pas le plus vaste; mais, par la simplicité de son plan, qui est bien celui de la demeure romaine antique, par l'élégance de son architecture et la clarté de sa disposition, on peut sûrement le présenter comme un type qui fera bien saisir ce que sont les autres.

Nous voici donc dans le *Palais de la Chasse*. Le rez-de-chaussée offre un vaste *impluvium* entouré d'un portique sur lequel donnent, ici, de vastes pièces ornées de mosaïques, là, de petites salles réservées peut-être aux esclaves, ailleurs, un ensemble qui a pu constituer les bains particuliers du maître.

A l'une des extrémités du portique était une fontaine, car l'eau rafraîchissait les demeures de Bulla Regia par le murmure et le scintillement de ses cascatelles. A l'autre extrémité de *l'atrium* s'ouvre le haut d'un escalier dont les vingt-deux marches en calcaire bleu sont intactes et qui est coupé par des paliers où sont des bancs de repos. Descendus, grâce à lui, jusqu'à l'étage inférieur, nous nous trouvons au centre d'un gracieux péristyle corinthien éclairé par en haut et à l'intérieur duquel avait sans doute été planté un jardin. Sur deux de ses côtés donnent les pièces de l'appartement, au sol orné de belles mosaïques multicolores et éclairées par de larges soupiraux donnant à l'extérieur : chambres de repos, avec une marche au fond pour le lit, comme dans les chambres arabes, et salle de festin. Celle-ci, large de 5ᵐ25 et longue de 6ᵐ85, s'ouvrait sur le portique par une baie ornée de deux pilastres cannelés très gracieux. Détail intéressant : la mosaïque qui en revêt le sol indique, par sa décoration formée de guirlandes, l'emplacement des trois bancs où, dans le *triclinium* antique, prenaient place les convives. En son centre, on remarque le « blason » du propriétaire, une couronne à cinq pointes, figure que l'on a déjà rencontrée au-dessus de deux niches des thermes. Dans un des angles de la pièce s'ouvre la bouche d'une citerne; les esclaves qui servaient le repas avaient ainsi sous la main l'eau fraîche de boisson et le réfrigérant pour les vins.

Enfin, devant l'entrée de la salle, et dans un endroit parfaite-

BULLA REGIA. — NICHE ET PORTE DE LA GRANDE SALLE DES THERMES PUBLICS

Photo Dr Carton

ment éclairé par la lumière tombant d'en haut, se trouve un joli tableau en mosaïque. Presque intact quand il a été découvert, mais insuffisamment protégé, il a beaucoup souffert depuis. On y reconnaît encore, à côté du « blason », des amours chassant une panthère, un sanglier, un ours. Evidemment, le maître de la maison, qui avait réuni autour de la salle de festin tout ce qui pouvait le réjouir, avait tenu à voir, en dînant, la représentation de son passe-temps favori : chasse ou jeux du cirque.

Il semble que ce fut une des règles particulières à cette architecture spéciale que de placer ainsi sous les yeux du maître de la maison et des invités, près de la table et à l'endroit le mieux éclairé, la représentation en mosaïques de figures ou d'objets qui lui étaient particulièrement agréables. C'est ainsi que, dans un autre appartement souterrain, on verra devant l'entrée d'une grande salle la représentation d'un buste de femme, exécuté avec beaucoup d'art, entouré d'un large encadrement tout à fait semblable aux cadres de nos portraits : le maître de céans avait tenu probablement à avoir sous les yeux, pendant son repas, l'image d'une femme qui lui était chère. Dans ces antiques demeures on plaçait donc, sous la forme moins souple, mais plus durable de la mosaïque, des images que nous aimons à suspendre aux murs de nos habitations sous la forme de peinture.

Il semble que ces pièces souterraines aient été établies pour permettre aux habitants de fuir les heures chaudes de la journée. Pour augmenter les sensations de fraîcheur, on plantait d'arbres[1] la cour par où descendait ainsi une lumière plus douce. On plaçait en outre souvent, devant l'entrée de la salle de festin ou de repos, des vasques, des fontaines où l'eau tombait en filets ou en cascades, et on ajoutait à cette sensation l'illusion même de la fraîcheur par la représentation en mosaïque de bassins où s'ébattaient poissons, génies ailés et pêcheurs auxquels la mobilité de l'eau circulant prêtait l'illusion de la vie.

Telles sont les dispositions de détail, que l'on retrouvera sans doute dans les autres constructions souterraines de l'an-

---

[1] Du moins dans la demeure où il y a un espace largement éclairé et un sol non dallé.

tique cité avec des variantes plus ou moins accentuées, avec des proportions tantôt plus, tantôt moins vastes et une disposition générale plus simple ou plus compliquée que celle-ci.

Le dégagement, à peine commencé, de quelques-unes d'entre elles amènera sans doute des surprises, d'autant plus que le nombre de ces appartements souterrains paraît assez grand.

J'ai personnellement reconnu l'existence d'une dizaine d'entre eux, én dehors des trois connus jusqu'à ce jour. Ce qui précède suffit à montrer tout l'intérêt qui s'y attache et la grande originalité que tirent de ces curieux et charmants ensembles les ruines de Bulla Regia.

En dehors du Palais de la Chasse, on visitera celui d'Amphitrite, ainsi nommé à cause d'une belle mosaïque, bien conser-

BULLA REGIA. — UNE VUE DES THERMES PUBLICS   Photo Dr Carton

vée, représentant le triomphe de la déesse portée par un Triton et une Néréide qui lui offrent les présents de la mer: coquilles et poissons dans un panier. Deux génies ailés tiennent une couronne au-dessus de sa tête, dont l'abondante chevelure porte, comme celle des Tritons, des pattes de langouste; au-dessous de ce groupe, sous les flots, a été figurée une faune aquatique de poissons et de coquilles d'un merveilleux coloris. Plus bas, dans un large cadre et faisant face à ce tableau, à l'endroit le mieux éclairé, se trouve, dans un cadre, un portrait de femme d'une grande finesse.

Le Palais de la Pêche, situé près de là, offre une disposition autre que les précédents. L'*œcus* y est remplacé par une abside donnant sur le portique et devant l'entrée de laquelle des vasques sont ornées de mosaïques représentant des scènes de pêche.

Laissant à l'Ouest tout un quartier inexploré où se trouve une construction en pierres de grande taille, de date assez récente, qui sert d'habitation, on se dirige vers le *nympheum*, vaste bassin en pierres de taille où jaillissent les eaux qui alimentent Souk-el-Arba. On a trouvé en 1899, au-dessous de lui, tout un système de tuyaux de plomb distribuant l'eau aux édifices de la cité.

Un peu plus loin, en descendant sur la rive gauche du ruisseau, on arrive au *Temple d'Apollon,* où ont été découvertes de magnifiques statues qui ornent le musée du Bardo. En arrière d'une belle cour dallée qu'entouraient un portique et des bases de statues, on remarquera dans le fond du monument une salle revêtue de marbres précieux que les profanes ont malheureusement fort abîmés et dans laquelle, devant un socle élevé qui portait la statue du dieu, on voit la base en marbre d'un trépied de métal.

Continuant à descendre sur la rive gauche du ruisseau, on laisse à droite l'emplacement d'une jolie porte triomphale qui a été complètement détruite il y a seulement quelques années. Puis on arrive au théâtre, qui se signale, sur la gauche, par une haute pile en pierres de taille. Les arcades en grand appareil des vomitoires de l'étage inférieur forment un très bel ensemble sur la façade du monument, et l'on peut, en faisant une curieuse promenade dans les longues voûtes sombres qui portaient les gradins, se rendre compte du parfait état de conservation dans lequel se trouvent certaines parties du monument qui ont été respectées par les Vandales modernes.

Le touriste qui veut connaître toutes les ruines apparentes de Bulla Regia pourra d'ici se diriger vers l'amphithéâtre, monument très détruit, mais qui offre encore des restes assez imposants. Il est placé dans une dépression adossée à la montagne, à environ 800 mètres au nord-est du théâtre. En raison de son éloignement et de certaines difficultés d'accès, ce monument n'a pas été compris dans le trajet du sentier du *Comité du N.-O. T.*

En suivant la piste gauche du ruisseau, on arrive aux bords du vallon que dominent les ruines. On a alors devant soi une longue colline grisâtre sur laquelle s'élève une curieuse *nécropole mégalithique,* longs alignements de pierres et dolmens formés de dalles énormes, la plupart en bon état.

III — La Grande Boucle du N.-O. T.

(Deux ou trois jours en auto, quatre jours au minimum par services publics et privés.)

A. — *De Tunis à Souk-el-Arba par Teboursouk-Dougga* [1]

Le voyageur devra se munir, pour ce trajet, qui est en dehors de la zone d'action du *Comité du N.-O. T.,* du guide intitulé *Dougga-Thugga.* [2]

On se rend de Tunis à Teboursouk-Dougga, soit en automobile à partir de Tunis, soit en chemin de fer jusqu'à Medjez-el-Bab, puis en auto public à partir de cette gare. Pour les heures des trains, voir p. 5.

Après avoir visité les célèbres ruines de Dougga, on peut coucher à Teboursouk pour en partir le lendemain matin à cheval ou en voiture jusqu'à la station de Sidi-Zehili ou Mastouta, [3] où l'on arrivera assez tôt pour prendre le train de Souk-el-Arba.

La piste traverse un pays accidenté que coupent de nombreux ruisseaux. Une longue pente conduit à un col situé à l'est du

[1] On peut, bien entendu, faire le trajet indiqué ci-dessous en sens inverse, mais il est moins commode, parce que pour aller de Medjez-el-Bab à Teboursouk on trouve, sans le commander et à la gare même, un moyen de transport. Encore est-il prudent de retenir ses places pour Medjez-Teboursouk la veille, à une agence de voyage de Tunis.

[2] *Dougga-Thugga,* par M. le docteur Carton, illustré de nombreuses photographies, édité par Niérat et Fortin, libraires-éditeurs à Tunis.

[3] Location d'une charrette anglaise, 15 francs par jour; d'une monture, 5 francs par jour et par cheval nourri.

Gorra, en laissant à droite les curieuses ruines de Sidi-Abdal-
lah-Melliti (*castellum* byzantin, église à coupole). On arrive ensuite aux ruines d'Henchir-Kouch-Batia (Sidi-Guerouachi) d'où
l'on peut faire l'excursion du Gorra. [1]

Puis, par une pente assez raide, on descend dans la plaine,
où l'on peut, si l'on ne veut prendre que le train du soir, visiter
le domaine de Saint-Joseph-de-Thibar (V. p. 7).

KROUMIRIE. — LES CHÊNES

Par la gare de Souk-el-Khemis et de Ben-Bechir, on atteint
Souk-el-Arba. — Visite, en une demi-journée, des ruines de
Bulla Regia (V. p. 9). — On peut également, d'ici, suivre le si
joli tracé de la PETITE BOUCLE Souk-el-Arba-Ghardimaou par
Chemtou, Thuburnic et le Feïdja (V. p. 24).

[1] Voir ci-dessus, p. 7. L'excursion doit, d'ici, se faire en sens inverse. Les
personnes désireuses de mieux connaître les ruines de la région devront consulter les *Découvertes épigraphiques et archéologiques faites en Tunisie*
par M. le docteur Carton, publié dans les *Mémoires de la Société des Scien-
ces de Lille,* imprimerie Danel, ou différents articles du même auteur, parus
dans *la Revue Tunisienne,* organe de l'Institut de Carthage, à Tunis, années
1901 et suiv., sous différents titres (*Municipium Numlulitanum, Le djebel
Gorra, Un Pays de Colonisation romaine, Le Domaine des Pulleni,* etc.).
Tous ces articles ont été réunis en une brochure intitulée : *La Colonisation
romaine dans le pays de Dougga.*

B. — *De Souk-el-Arba à Aïn-Draham et Tabarca*

1° De Souk-el-Arba à Aïn-Draham (1)

On traverse le pont sur la Medjerda, puis la plaine fertile de la Dakhla, et l'on s'engage dans les montagnes de Kroumirie par la longue pente d'une vallée secondaire à travers un pays de pâturages, de culture et de broussaille.

On arrive au Camp de la Santé et à Fernana, petit village arabe, marché, foudouk, où l'on peut admirer, quelque pauvre en frondaison qu'il soit, le célèbre chêne, dernier vestige d'une forêt disparue, et sous lequel les chefs se réunissaient autrefois pour décider de la guerre ou rendre la justice.

On est ici dans le pays des Kroumirs, dont s'étendent devant

KROUMIRIE. — VUE GÉNÉRALE D'AÏN-DRAHAM

nous les sauvages montagnes. La montée continue, en effet, et le chemin s'engage bientôt sous la haute futaie des chênes-zéens et des chênes-liège. C'est la grande forêt au feuillage

(1) Le trajet, 41 kil., se fait en voitures particulières, surtout des charrettes anglaises, louées à Souk-el-Arba, ou en voitures publiques, diligence en hiver, auto en été. Voici, sauf variations, les horaires habituels.

Heures de départ : diligence, 4 h. 15 matin; auto, 1 h. 30 soir.

Heures d'arrivée : diligence, 10 h. 30 matin; auto, 3 h. 45 soir.

Prix des places : diligence, 5 francs; auto, 6 fr. 50.

En sens inverse : diligence, d'Aïn-Draham à midi, arrivée à Souk-el-Arba à 4 h. soir; auto, départ à 7 h. matin, arrivée à 9 h. 50 matin.

éternel! Voici *Les Chênes,* station estivale située à 750 mètres de hauteur où, sous la frondaison majestueuse, a été édifié un confortable hôtel qui est toujours ouvert pendant la saison chaude et souvent pendant les autres saisons. Villas où viennent de plus en plus les fonctionnaires et les habitants de la Régence désireux de jouir de l'air pur et réconfortant de la montagne tunisienne.

On descend dans la clairière du Meridj, où, dans une prairie, s'élève une borne milliaire provenant de la voie de *Simittu* à *Tabraca.* [1]

AIN-DRAHAM.— Bientôt, aux flancs du djebel Dyr, apparaît, suspendue dans un col élevé, la petite ville d'Aïn-Draham, centre forestier important, siège d'un inspecteur des Forêts; population de 500 habitants, possédant un camp, un internat de garçons et de filles. Hôtels.

Environs d'Aïn-Draham.— 1º **Promenades :** *a, Col-des-Ruines* (à 1.500^m), par la route, beaux arbres, ombre à partir de trois heures. Du col, vue sur Tabarca et la mer; *b, gymnase militaire* (à 1.500^m), arbres superbes, source ferrugineuse; *c, Col-des-Vents* (à 2.500^m), en continuant le chemin du gymnase; *d, Les Sources,* route un peu ensoleillée mais conduisant à des sites ravissants de fraîcheur et d'ombrage, eau abondante et froide; *e, Ascension du djebel Bir* (altitude 1.014^m), panorama très étendu; on peut revenir par le Col-des-Vents ou par les Sources; *f, au champ de tir* par le poste forestier; *g, au djebel Ferzig,* panorama sur l'Algérie et les trois lacs Tonga, Bahira, des Oiseaux; aller par la piste militaire conduisant au fort; retour par le champ de tir.

2º **Excursions :** *a, Tour du djebel Ferzig* (12 kil.); route du poste forestier, champ de tir, Bou-Fernana; retour par Babouch; *b, Tour du djebel Bir* (12 kil.) par le Col-des-Vents; retour par le Meridj; *c, à Dar-Fathma* (24 kil.), par les sommets de la Kroumirie; points de vue admirables; *d, Ben-M'tir* (36 kil.), par la piste de Béja; retour par le Meridj (emporter un déjeuner).

Pour guides et moyens de transport, s'adresser aux hôtels.
Prix d'une monture : 3 fr. pour vingt-quatre heures.

(1) Voir plus loin, p. 26.

2° D'Aïn-Draham à Tabarca (1)

D'Aïn-Draham, la route descend, sinueuse et traversant de belles parties forestières, vers Tabarca, dont la jolie plaine s'étend, sur la droite, limitée vers l'horizon par la ligne bleue de la mer.

On passe au col de Babouch (douane), embranchement de la route pour Oum-Teboul et La Calle (diligence d'Aïn-Draham à La Calle, prix : 5 fr.), puis la descente continue jusque dans la plaine de Tabarca.

De Tabarca à Aïn-Draham, route ci-dessus en sens inverse.

TABARCA, petit port, village de pêcheurs ou plutôt centre de pêche fréquenté, en automne, par des bateaux siciliens qui viennent pêcher la sardine et l'anchois. Usine à conserves. Hôtels. Ile pittoresque couronnée par un vieux fort espagnol. Si le port était aménagé, il pourrait acquérir un certain développement grâce aux productions forestières et minières de la région située à l'intérieur.

Excursions à faire de Tabarca : *Melloula, Aïn-Baccouch,* retour par Oued-Amor. 24 kilomètres. Sites remarquables et forêts. S'adresser aux hôteliers ; prendre un guide. (Prix de la monture pour vingt-quatre heures : 3 fr.)

C. — *De Tabarca à Béja.* (2)

La route franchit d'abord la vallée de l'oued El-Kebir, au milieu des dunes qui longent le rivage, en passant à peu de distance de l'épave historique du vaisseau *l'Auvergne,* dont le pillage a été le point de départ de l'occupation de la Tunisie par les troupes françaises, puis pénètre dans une région parsemée de terrains de culture ou bordée de belles forêts. Elle passe à proximité de la mine de calamine d'Aïn-Alleg.

---

(1) Trajet : 28 kil. Heures de départ : diligence, midi ; auto, 4 h. soir.
Heures d'arrivée : diligence, 3 h. soir ; auto, 6 h. soir.
Prix des places : diligence, 3 fr. ; auto, 3 fr. 50.
En sens inverse : diligence, départ de Tabarca à 5 h. 45 matin, arrivée à Aïn-Draham à 10 h. 45 matin ; auto, départ à 5 h. 30 matin, arrivée à 7 h. matin.

(2) Trajet : 72 kil. Heures de départ : diligence, 7 h. matin ; auto, 7 h. matin.
Heures d'arrivée : diligence, 4 h. soir ; auto, 10 h. 45 matin.
Prix des places : diligence, 4 fr. 60 ; auto, 8 fr.
En sens inverse : diligence, départ de Béja à midi, arrivée à 7 h. soir ; auto, départ midi 45 soir, arrivée à 4 h. 45 soir.

Après un pays de fermes et de vallées cultivées, on arrive au hameau du *Djebel-Abiod*. Poste, télégraphe, téléphone. *Hôtel des Nefza,* confortable rendez-vous de chasse. A 7 kilom. vers le Nord, région très pittoresque et boisée autour de Tamerza (station sur la future ligne de Bizerte à Tabarca).

La route s'engage ensuite dans une succession de sites sauvages, très pittoresques, puis le paysage change au défilé du Khanguet. Mine importante de zinc et de plomb.

Le pays est ensuite moins pittoresque, mais bien cultivé et parsemé de fermes françaises.

On arrive enfin à un beau viaduc bâti au point où la ligne de Nebeur à Bizerte franchit l'oued Béja et qui comprend douze arches de 60 mètres de hauteur sur 332 mètres de largeur.

TABARCA. — LE ROCHER

De Béja à Tabarca [1] route ci-dessus en sens inverse.

BÉJA, jolie ville arabe de 7.500 habitants, résidence d'un contrôleur civil, bâtie au milieu d'un beau parc. Son origine remonte à une haute antiquité, en raison de la grande fertilité des plaines où elle se trouve. La ville arabe, entourée d'une remarquable enceinte byzantine, doit son aspect tout particulier à la présence de nombreux nids de cigognes. Elle est dominée par sa casba, bâtie en matériaux antiques et du haut de laquelle on jouit d'une vue magnifique. Il y a un quartier européen naissant, très coquet. A visiter : la grande salle voûtée de la casba, les remparts byzantins, une de leurs portes, des bains et une piscine.

IV — La petite boucle du N.-O. T. [2]

*(par Souk-el-Arba, Bordj-Hellal, Chemtou, Thuburnic
et le Feïdja, ou inversement)*
(Deux jours à cheval)

De Souk-el-Arba, on peut se rendre à Bordj-Hellal soit à cheval ou en voiture quand il fait beau (mais la piste n'est pas encore aménagée), [3] soit en chemin de fer jusqu'à Sidi-Meskine, où on peut envoyer des montures de Souk-el-Arba.

Bordj-Hellal est une belle forteresse byzantine flanquée de tours massives située au pied de la montagne, à 3 kilomètres de Chemtou.

Chemtou, l'antique *Simittu,* fut une ville très prospère à cause de la beauté des marbres de ses carrières, qui étaient propriété impériale, mais furent exploitées bien antérieurement

[1] De Béja à Tabarca en auto : départ à midi 3/4 ; arrivée vers 5 h. Départ de Tabarca à 7 h. ; arrivée à Béja à 11 h. Prix : 8 fr.

[2] Cet itinéraire est pour les personnes venant de Tunis et descendant à Souk-el-Arba. Il se fait en sens inverse pour les personnes venant d'Algérie à Ghardimaou. Il n'y a de route qu'entre Ghardimaou et le Feïdja ; le reste se fait sur piste. Longueur totale de ce trajet : environ 45 kilomètres. Distance de Souk-el-Arba à Bordj-Hellal par terre, 12 kilom. ; de la gare de Sidi-Meskine à Bordj-Hellal, 5 kilom. ; de Bordj-Hellal à Chemtou, 7 kilom. ; de Chemtou à Thuburnic, 10 kilom. ; de Thuburnic au Feïdja, 17 kilom. ; du Feïdja à Ghardimaou, 17 kilomètres.

[3] On pourra s'informer si elle l'est, le Comité du N.-O. T. devant s'efforcer d'obtenir incessamment cette amélioration.

CHEMTOU. — RIVES DE LA MEDJERDA ET PONT-BARRAGE ROMAIN

par les rois numides. On se fait de suite une idée de la quantité considérable de marbre qui en a été retirée par les brèches et les énormes cavités, dont beaucoup visibles de loin, qui divisent ou perforent la colline.

On trouve dans presque toutes les ruines du nord de l'Afrique et tout au moins dans la Tunisie et la province de Constantine, notamment à Carthage, beaucoup de fragments de ce marbre dit « numidique », d'un beau jaune crème veiné de marron ou d'un ton de chair rose provenant d'ici. Pour l'embarquer à destination de l'Italie, on avait pratiqué à travers les forêts de Kroumirie une solide voie dont le tracé est encore reconnaissable.

On voit ici de curieux détails d'exploitation.[1] La carrière était divisée en ateliers, dont les blocs portent la marque et la date de l'extraction. Ailleurs, une longue colonne adhère encore au rocher sur lequel on l'avait sculptée, ce qui montre que les Romains donnaient à la pierre, avant de la détacher de la masse, la forme qu'elle devait avoir. Au pied des carrières, on remarque un haut monticule isolé formé de déchets de pierres taillées. Pour s'expliquer sa formation, on doit admettre que des esclaves portaient des paniers pleins de ces débris jusqu'à son sommet, ce qui avait évidemment pour but d'économiser de la place.

L'exploitation du marbre numidique a été reprise, il y a quelques années, par une Société qui n'a pas prospéré et dont les bâtiments tombent en ruines. On peut y voir d'énormes scies rouillées dans les blocs à demi débités.

Quand on arrive à Chemtou par l'Est, le premier monument qu'on rencontre est l'*amphithéâtre,* formant un monticule reconnaissable seulement par la forme de l'excavation en cratère qu'il présente. Tous les gradins en marbre numidique, comme ceux du théâtre, ont dû en être enlevés pour être employés à d'autres monuments à une époque où le marbre de la carrière manquait ou bien où celle-ci n'était plus exploitée.

Appuyant ensuite à gauche, on arrive au magnifique *pont-barrage* monumental reconstruit en l'an 112, sous l'empereur Trajan. C'est une des constructions les plus grandioses et les plus belles de ce genre qu'on rencontre en Afrique.

(1) Sur les ruines de Chemtou, consulter CAGNAT ET SALADIN : « Voyage en Tunisie », dans le *Tour du Monde,* 1893, p. 97.

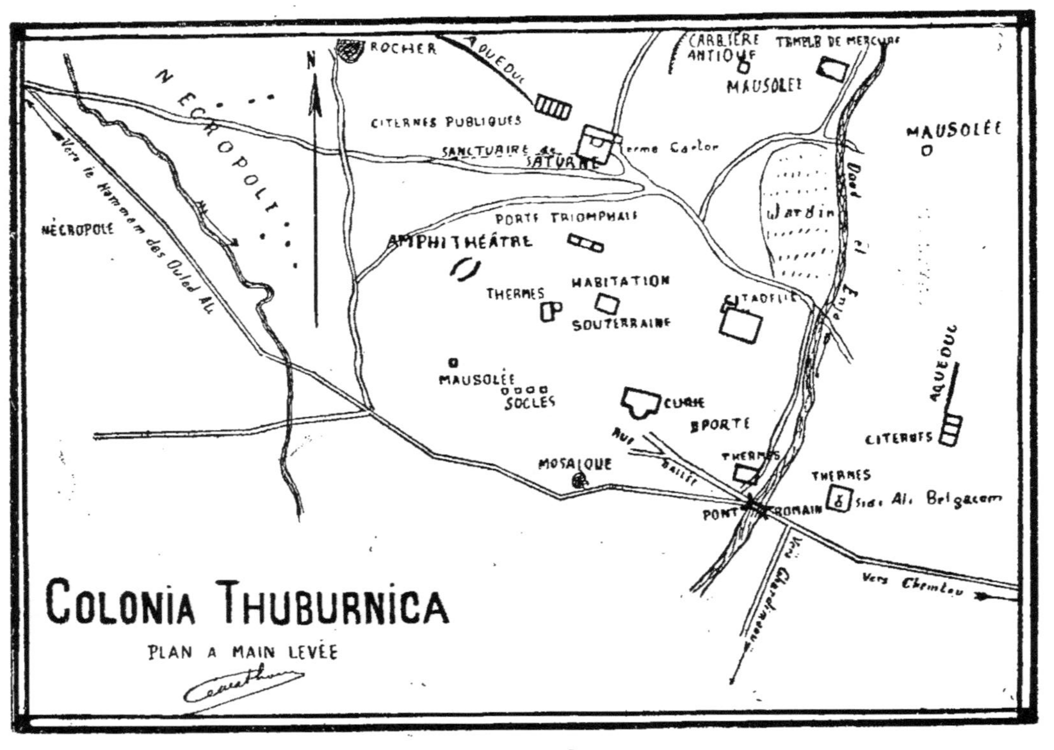

COLONIA THUBURNICA

PLAN A MAIN LEVÉE

CARTE N° 3

Remontant sur la rive gauche d'un ruisseau qui se jette dans la Medjerda, immédiatement au delà du pont, on atteint une grande *place dallée*, le forum probablement, bordée vers le sud-ouest par un exèdre monumental.

Un peu plus loin se trouve le *théâtre*, avec un portique extérieur de disposition curieuse, un orchestre orné d'une mosaïque imitant un parquet en bois et d'un coloris très original. Ces deux ensembles ont été déblayés en partie, en 1892, par M. Toutain.

Revenant vers les collines qui dominent les ruines, on peut visiter les nombreux *ateliers* des carrières. Sur le point culmi-

RUINES DE THUBURNIC. — PORTE TRIOMPHALE

nant, se trouvent les vestiges du *Temple aux Boucliers*, ainsi nommé à cause de bas-reliefs ornés de boucliers qui portent diverses figurations d'animaux, scorpions, etc. On aperçoit très bien d'ici le bel aqueduc qui amenait à Simittu les eaux de l'aïn Rzeïet, et « dont les alignements, a écrit Tissot, rappellent d'une façon saisissante certains aspects de la campagne romaine ». Entre les collines et l'aqueduc, le long d'une piste qui suit le tracé de l'antique voie de Simittu à Tabarca, se trouve une *nécropole romaine* aux tombes ornées de curieuses représentations.

Au delà de Chemtou, en cheminant toujours au pied de la

montagne, on laisse à gauche l'entrée d'un vallon, profonde échancrure qu'encadre, comme un décor de théâtre, une imposante *arcade* de l'aqueduc, à *Henchir-el-Hendi*.

Thuburnic. — Puis, on arrive aux charmantes ruines de Thuburnic, dont la *citadelle* est bâtie sur un rocher couvert de vieux oliviers, au-dessus d'une rivière aux eaux claires qui coulent sous un beau *pont* au pied de la *colonia Thuburnica*.

Avant d'arriver à ce pont, on a laissé à droite le marabout de Sidi-Ali-bel-Gacem, construit sur de pittoresques *thermes publics*.

On laisse le pont en pierres de taille dont l'arche, parfaitement conservée, présente un niveau de maçon sur son voussoir central.

On suit une voie antique dallée, bordée de trottoirs, qui a été dégagée récemment, en laissant à droite un second établissement de *thermes* présentant des piscines, des mosaïques, etc., et on arrive à la *curie*, remarquable par ses portes en pierres énormes, son abside dominée par de belles fenêtres en pierres de taille, ses magasins souterrains.

On revient vers l'Est en passant auprès de vastes *constructions souterraines* analogues peut-être aux palais de Bulla Regia, jusqu'au sommet de la *citadelle*.

Très jolie vue sur la vallée boisée de l'oued Endja et les montagnes qui dominent.

Puis, en passant auprès de la ferme Carton, on arrive à de superbes *citernes publiques*.

On revient sur ses pas par un *arc de triomphe* orné de sculptures et de niches et on se dirige vers un haut *mausolée* qu'on voit de loin, semblable à une tour, et couvert de curieuses sculptures représentant des portes en bois avec leurs charnières, leurs clous, leur ornementation ; aux angles sont représentés les Vents sous la forme de figures « soufflantes ». C'est le plus beau monument, en ce genre, de tout le nord de la Tunisie. Malheureusement, il s'écroule pierre par pierre.

On se dirige ensuite, à travers une *nécropole* où se dressent d'énormes stèles sculptées, jusqu'au **Hammam des Ouled-Ali**, placé dans un site de Savoie : profond torrent au lit bordé d'énormes rochers que domine une mine de manganèse, ruines

pittoresques de *bains antiques* (piscine en pierre avec marches,
bien conservée), l'ancienne *Ad Aquas,* où les Bédouins viennent
en foule se baigner dans l'eau chaude et salée dont les proprié-
tés bienfaisantes sont renommées dans la région. On se trouve
ici dans la vallée de l'oued El-Hammam, qui devient plus haut
l'oued Bel-Menadia, aux rives profondément encaissées, domi-
nant des futaies aux ombres épaisses, d'énormes chênes cou-
chés comme des ponts au-dessus d'un chaos de rochers.

On peut d'ici, en quelques heures, faire de très belles excursions dans les forêts voisines par d'excellentes pistes fores-

RUINES DE THUBURNIC (MAUSOLÉE)

tières : Oued-Meklatia, Rorra, Oued-Berla (beau site, rochers,
arbre énorme au confluent de l'oued Berka et de l'oued Defloya).

Au delà du Hammam des Ouled-Ali, on laisse à droite une
intéressante culture d'oliviers sauvages greffés et on arrive aux
bords de l'oued Soufi. Les deux chemins forestiers qui le lon-

gent sur ses rives gauche et droite conduisent, par la première,
à la vallée de l'oued Berka, par la seconde, à celle sauvage et
boisée de l'oued Berla et au sommet du djebel Rorra (altitude
1.202^m), dont les sites, aux arbres énormes, aux cascades abon-
dantes, ombragées, bordées de fougères, peuvent être rangés
parmi les plus beaux du nord de la Tunisie.

De l'oued Soufi on se dirige vers les sources d'El-Aïoun, [1] qui
alimentent Ghardimaou en eau.

Le Feïdja. — Un peu au-dessus d'elles on atteint une piste
forestière qui mène, sous de jolies futaies, au village forestier

FORÊT DU FEÏDJA. — LE KEF-NEKCHA

du *Feïdja,* résidence d'un garde général des Forêts. (Auberge
modeste, qui n'est pas toujours ouverte.) Le climat de Feïdja
est relativement très froid ; on voit même, au cœur de l'été, des
prairies renfermant une herbe fraîche et touffue.

Il y a, de ce point, de très belles excursions et de magnifiques

(1) Un peu au-dessous d'El-Aïoun existe un centre oléicole créé depuis quelques années par le greffage d'oliviers sauvages.

chasses en forêt à faire. Les sangliers y abondent et des panthères y sont presque constamment signalées. En certaines régions il y a encore du cerf, dont la chasse est interdite, mais qui est décimé en temps de neige par le braconnage des indigènes. Il y a une quinzaine d'années, des montagnards ont apporté à Ghardimaou une magnifique dépouille de lion; on n'a plus rencontré depuis d'animal de cette espèce.

L'Administration des Forêts a créé dans toute cette région de magnifiques routes dont les unes, non empierrées, sont accessibles aux charrettes, et les autres sont d'excellentes pistes muletières, grâce auxquelles on peut très facilement visiter les principaux sites du massif montagneux.

Environs du Feïdja. — 1° **Promenades :** *a*, au *Kef-Nekcha,* à 1.500ᵐ du centre forestier, rocher escarpé comme une forteresse, d'où on a une vue admirable. Un garde général des Forêts, M. Boutilly, a fait tailler dans le grès un escalier très sûr, grâce à une main courante en fer, par lequel on peut faire une ascension émouvante à la plate-forme, munie d'un garde-fou, qui couronne le rocher. Du Kef-Nekcha on peut descendre sur l'oued Chaïd (v. ci-après) et revenir au Feïdja par la ravissante route de Ghardimaou ; *b*, *Oued-Chaïd,* à 3 kilom. du Feïdja. Bel entassement de rochers avec, au printemps, de superbes cascades taries en été. Par la route du Feïdja aller et retour, ou le Kef-Nekcha ; *c*, excursion un peu plus longue (environ 8 kilom.) par une route où il y a de magnifiques ombrages par les Vieux-Zéens, oued Mazela, oued Chaïd, Kef-Nekcha.

2° **Excursions à cheval :** En une journée (1) *a)* (35 kilom.) ou deux demi-journées (22 et 25 kilom.); très recommandée par la magnificence de ses sites, par El-Feïdja, Aïn-Soltane.(2) Route charretière en corniche sur les crètes, admirables points de vue sur les forêts du Feïdja, la haute vallée de la Medjerda, la vallée de l'oued Soufi, le Fedjij, la vallée de l'oued Meramel, les Quatre-Chemins, la vallée de l'oued Iroug, le poste forestier d'El-Mouadjen, le Bata et le Feïdja. Si on fait cette excursion en deux demi-journées, on coupe le cercle que forme la première par un chemin allant d'El-Feïdja par les Vieux-Zéens, Oum-ed-Diss, aux Quatre-Chemins; *b)* (30 kilom.), El-Feïdja, le Chaïd, le col de Sraïa, Sidi-Mansour, le poste forestier d'El-Mouadjen, les Vieux-Zéens et le Feïdja; *c)* (30 kilom.), le sommet du djebel Gorra par Aïn-Soltane et la ligne des crètes. On peut revenir par

(1) On ne trouve pas de bêtes de location au Feïdja; se les procurer à Ghardimaou.

(2) D'Aïn-Soltane on peut, en descendant vers la vallée de l'oued Berla, aller jusqu'au Hammam Sidi-Trad, situé en Algérie mais tout près de la frontière et à environ trois heures trente de Ghardimaou. Les eaux thermales, très chaudes (90°) jaillissent dans un site extrêmement sauvage encadré de hauts rochers qui dominent un torrent, au milieu d'une puissante végétation.

une admirable forêt, traversée par de grands torrents dont le lit renferme des blocs énormes, en allongeant la route d'une dizaine de kilomètres (guide nécessaire) par la maison forestière du Rorra et la vallée de l'oued Berka ; on passe auprès de la source de cet oued, qui tombe dans une belle vasque naturelle rocheuse et on arrive au Hammam Ouled-Ali et à Thuburnic.

Du Feïdja à Ghardimaou, la descente se fait par une pittoresque route ombragée jusqu'à l'oued Bidour, puis on longe quelques belles cultures d'oliviers greffés, et l'on arrive au petit centre bâti auprès de la gare frontière.

GHARDIMAOU est un village européen élevé auprès d'une redoute construite lors de l'occupation. Chef-lieu d'un caïdat, postes, télégraphe, téléphone, hôtels. Village bien percé, mais peu bâti, résidence de fonctionnaires des douanes française et tunisienne. A certaines époques de l'année, la gare présente une grande animation à cause du transport des produits forestierset miniers : chêne-liège, tannin, bois, minerais de cuivre, arsenic, manganèse, etc.

De Ghardimaou, on peut, en une demi-heure, aller, à pied, jusqu'à la frontière algérienne en suivant la voie ferrée jusqu'au point où elle franchit la Medjerda sur un pont, dans une très pittoresque gorge et en revenant par les ruines, très effacées, du vieux Ghardimaou. On peut de Ghardimaou, en une journée, à défaut de la boucle telle qu'elle est décrite ici, visiter les principales curiosités de la région. L'excursion de Feïdja, Thuburnic, Chemtou, en couchant la veille au Feïdja et déjeunant à Thuburnic, est très recommandée. Ghardimaou peut encore être le point de départ d'une excursion très intéressante, à l'un des sites les plus sauvages de la région, le Hammam-Sidi-Trad, dont il a été question précédemment. On trouvera à Ghardimaou, auprès de M. Straube, membre du Comité du N.-O.T., tous les renseignements et les moyens nécessaires pour excursionner dans la région. On peut aussi visiter les ruines si intéressantes de Chemtou en descendant à la station d'Oued-Meliz.

Dr CARTON.

CASINO MUNICIPAL DE TUNIS

SAISON D'HIVER

du 1ᵉʳ Septembre au 31 Mai

PALMARIUM

Attractions de Premier Ordre

Chanteurs, Chanteuses comiques des Grands Cafés-Concerts de la Métropole

CINÉMATOGRAPHE

Toutes les Attractions des grandes villes d'eaux

CERCLE PRIVÉ

SALON DES PETITS CHEVAUX

SAISON D'ÉTÉ

du 1ᵉʳ Juin au 30 Septembre

BELVÉDÈRE

Pendant l'été, le Casino de Tunis se transporte au Belvédère avec les mêmes troupes et attractions qu'au Palmarium.

Le Belvédère comporte également un Cercle privé et une Salle des Petits Chevaux.

236

9 782019 920210